L'ESPRIT

RÉVOLUTIONNAIRE

PAR

J. BAZY.

DUNKERQUE.

Typographie V. B. Kien, rue Nationale, 26.

1872.

L'ESPRIT

RÉVOLUTIONNAIRE

PAR J. BAZY.

AU LECTEUR.

Je demande au lecteur instruit la
permission de répondre à l'objection
qu'il opposera peut-être à la manière
parfois un peu abstraite dont je jus-
tifie ici ma protestation contre l'esprit révolutionnaire.

Il faut aujourd'hui, dit-on, écrire
surtout pour le peuple qui est égaré
par les mauvaises doctrines, il faut se
mettre à sa portée pour le ramener au
bon sens et à la foi. Sans doute !
mais, avec toute la franchise de la conviction profonde qui m'autorise à
tenir la plume, je fais observer au
lecteur, que le jugement du peuple
n'est pas seul troublé dans le temps
où nous vivons et que les idées les
plus fausses sont communiquées à la
foule par des hommes qui doivent
l'éclairer et par ces demi-lettrés pé-
tris de préjugés, qui acceptent sans
examen les opinions régnantes.

Je soumets mes conclusions au jugement des hommes impartiaux qui
aiment la vérité et qui la recherchent
sans vouloir l'adapter à leurs passions

et à leurs préjugés. Le lecteur, qui ne prend que les intérêts de la vérité, conviendra que, malgré tous les efforts que l'on fera pour rendre le peuple capable d'exercer avec intelligence sa *souveraineté*, et quelque merveilleux que puissent être les effets de *l'Enseignement gratuit, obligatoire et exclusivement laïque*, dans notre siècle d'incrédulité où la parole qui descend de la chaire de vérité n'est pas toujours écoutée, le peuple sera toujours prompt à s'inspirer des idées fausses dont je viens de parler, et que l'éducation des masses se pénètre des exemples et des leçons qu'elles reçoivent des indifférents et des hommes sans conviction.

Telle étant la situation, ne faut-il pas remonter à la source du mal et en arrêter l'expansion, en raminant les sentiments élevés dans le milieu où l'erreur est entretenue, pour se répandre dans les couches inférieures de la société?

C'est pourquoi cette étude est adressée aux hommes éclairés et sincères, et sans parler directement au peuple et à ceux qui en ont l'éducation incomplète, c'est aux passions dangereuses qui le travaillent que je parle, c'est sur elles que je voudrais agir médiatement, en m'adressant aux organes, inconscients ou volontaires, des idées fausses qui fomentent ces passions.

Ne nous dissimulons pas que les classes qui, dans leur intérêt, devraient être animées de l'esprit conservateur, ont, à leur insu, par indifférence, aveuglement ou faiblesse, ou avec la soif du lucre et des jouissances, ont coopéré à la désorganisation de notre pays. Cette vérité est tellement évidente, qu'elle saute anx yeux de ceux qui la nient et qu'elle lutte contre la torpeur des hommes qui, la reconnaissant, n'ont pas la force de réagir, parce qu'ils ne possèdent pas cet esprit de sacrifice qui prévient le désordre ou en triomphe.

Signaler cette inertie, c'est exhorter à la secouer, en chercher le remède, c'est, je crois, exciter les gens de bien à faire un effort. Cependant, quand on traite ces graves questions d'ordre social, on creuse des idées qui, n'étant pas comprises de la multitude, doivent pour s'accréditer et se vulgariser, être traduites en actes d'accord avec les principes dont ces idées ne sont que le développement. En regardant plus haut que la sphère où on l'agite, le peuple recueille et imite ces enseignements pratiques qu'il trouve dans les classes éclairées.

J'ai donc pensé que, pour rendre plus efficace et plus générale cette mise en pratique des saines maximes que doivent présenter aux hommes incultes les gens bien élevés dont la conduite et les habitudes s'imposent, si je puis dire à l'imitation du peuple, l'écrivain, en élucidant les questious d'ordre social, est appelé à fortifier, avec le respect de soi-même l'esprit de conservation dans ces classes nombreuses qui, depuis près d'un siècle, laissent la Révolution se précipiter sans lui barrer le chemin, j'ai pensé que l'écrivain peut utilement servir la cause du véritable progrès, en conviant ces classes, dont l'exemple est tout puissant sur les masses, pour le bien comme pour le mal, à se défaire elles-mêmes de leurs préjugés pour que le peuple revienne, avec elles, au respect de l'autorité.

L'ESPRIT RÉVOLUTIONNAIRE.

Je vais retracer, dans un tableau raccourci, les commencements, la marche et les conséquences de l'esprit révolutionnaire.

Cet énoncé exprime la pensée générale dans laquelle se résume l'exposé des faits qui mettront en lumière la conclusion suivante de cette étude : le progrès moderne, en ruinant le principe d'autorité, corrompt et compromet la liberté.

La révolution religieuse du XVIe siècle a soufflé en Europe l'esprit qui l'agite aujourd'hui, elle a troublé la raison publique et méconnu les conditions de l'ordre social.

Continuée contre l'autorité, au XVIIIe et au XIXe siècles, la révolte du XVIe siècle, au lieu de produire l'amour véritable du progrès qui vient de l'aspiration des âmes vers le bien, n'a amené que des mouvements désordonnés qui désorganisent et n'améliorent pas.

La révolution que Luther a commencée au cri de : *guerre au Pape!* se développe, deux siècles après, au cri de : *guerre au Christ !* et, de nos jours, au cri de: *guerre à la société !* et elle aboutit à l'avénement de l'ochlocratie. Tous ces faits procèdent les uns des autres, et bien aveugles sont les historiens qui en contestent la filiation. La révolte contre le catholicisme a déchaîné les passions anti-chrétiennes, et la haine du Christianisme menace aujourd'hui la société.

A la lignée de Luther, l'agitateur du XVIe siècle et le père des libres penseurs et des sceptiques modernes, appartiennent les philosophes dont les paradoxes ont conduit plus tard le libre examen, à ces systèmes que le sens commun et l'histoire désavouent. Cette parenté avec le rationalisme, né de la Réforme, doit être revendiquée par les sophistes qui ont fait de l'homme une machine et par les rénégats qui ont fait du Christianisme un mythe; l'école du XVIIIe et les niveleurs du XIXe siècle qui, d'abord dans l'ordre philosophique, et bientôt dans l'ordre politique et social, ont entretenu l'esprit révolutionnaire du protestantisme, les déclamateurs qui l'exaltent de nos jours, se rattachent à cette famille de *Docteurs en rien* (expression que j'emprunte à Erasme), qui ont de longue main préparé le règne de l'Internationale et de la Commune. En un mot, le germe du scepticisme et de l'incrédulité des temps modernes, est dans le libre examen du protestantisme allemand qui, d'une génération à l'autre, a donné le jour aux doctrines subversives de tous les principes sur lesquels reposent la certitude, la croyance et l'autorité.

Tels sont les résultats de ces progrès tant préconisés, accomplis durant ces siècles, si féconds en guerres inexpiables et en désastres, que l'histoire déroule depuis Luther jusqu'à notre temps.

Ce progrès dissolvant est désormais jugé par les maux qu'il a produits : l'autorité atteinte dans son principe, les vérités morales attaquées, le scepticisme et l'ironie, harcelant, sans les déconcerter, les esprits fermes demeurés fidèles aux doctrines substantielles, la liberté philosophique opprimée et exploitée par la démagogie, le matérialisme s'insinuant dans l'éducation et dans la famille, dominant dans les hautes positions et envahissant la commune et les assemblées, la liberté politique, « qui est ancienne en France, » a dit madame de Staël, la liberté politique suspendue par le despotisme ou étouffée par trois républiques avortées ; n'est-ce pas là le spectacle que nous donnent les minorités turbulentes qui, seules, profitent de la désorganisation lente de notre pays ?

Livrée à elle-même, et affranchie de l'autorité, la libre-pensée ne saurait offrir à tous les droits des garanties contre les entreprises de la force et un remède contre les progrès de la démoralisation.

Des alternatives d'oppression et de licence, les doctrines de salut proscrites, l'absence, chez les soi-disant émancipateurs modernes, d'un principe pour discipliner et gouverner les esprits, des utopies, des rêves, un libéralisme hypocrite et déclamatoire, des chefs de parti, sans consistance et méprisés, plats courtisans de la foule, l'intolérance et la violence dans les actes des révolutionnaires, le pouvoir social sans action ; l'autorité, à tous les degrés et sous toutes les formes, dans la famille, dans la supériorité qui est acquise à l'âge et à l'expérience, à la vertu et à l'intelligence, conspuée et menacée ; dans ces quelques traits, se résume l'histoire de l'Europe moderne dont l'état religieux, moral et politique est mis en péril, depuis que la *liberté évangélique* du protestantisme et la libre-pensée athée au XIXe siècle ont troublé si profondément la société, aujourd'hui dans cette situation inouïe qui permet à l'audace et à l'ignorance, à la perversité et à la médiocrité, de prétendre au gouvernement d'un pays comme la France.

J'entends dire que l'autorité et les lois sont eucore respectées chez les nations voisines, et que dans l'Allemagne et l'Angleterre protestantes préservées de ces malheurs, le principe monarchique et les lois morales sont toujours puissauts.

Les observateurs qui ne s'arrêtent pas à la surface des choses, sont loin de voir l'ordre moral affermi dans ces Etats qui sont séparés du catholicisme. La force militaire de la Prusse comprime les tendances oligarchiques de l'Allemagne asservie et empêche la Révolution, dont elle se sert au besoin, de relever son drapeau dans les contrées qui en furent le berceau. En Angleterre, dans l'incertitude des croyances, *la liberté évangélique* éclaircit tous les jours les rangs de l'Anglicanisme et poursuit sourdement son travail de décomposition, malgré le prestige que la loi et la tradition conservent encore chez les Anglais. Les idées démocratiques ont entamé la vieille constitution aristocratique de la Grande-Bretagne, ébranlé la puissance de la tradition et introduit la Révolution dans ce pays. L'esprit révolutionnaire se découvre dans des travaux spéculatifs que je pourrais citer, chez nos voisins d'outre-Manche et d'outre-Rhin. Il est vrai qu'en France, le partie ignorante de sa population impressionnable, obéit actuellement au mot d'ordre des anarchistes, mais, dans ce pays, ces entraînements ne durent pas, et la grande majorité de la nation, qui a eu le bonheur de résister au mouvement protestant, se sauvegarde de la démagogie par le catholicisme. C'est dans la race germanique, bien plus que dans la race latine, momentanément énervée par des ambitieux sans foi et par des aventuriers qui veulent tenir le gouvernail, qu'un examen attentif reconnaît les signes précurseurs de la décadence et de la dissolution.

Les faits dans lesquels je renfermerai ces considérations, confirmeront les indications générales qui précèdent, et montreront que l'orgueil des réformateurs religieux et l'extravagance des initiateurs contemporains de la *science sociale*, tout puissants pour détruire, sont incapables de rien fonder. De l'examen de ces faits sortira cette conclusion, que ce *Boute-hors* (comme dit Montaigne) des croyances qui entretiennent la vie des sociétés, expose à leur tour, aux fureurs de la multitude, les démolisseurs qui la soulèvent.

Recherchons le principe et les résultats de ce *Boute-hors* des anciennes doctrines.

Le protestantisme, disent certains écrivains, a suscité la liberté philosophique; mais il l'a suscitée avec l'es-

prit d'indiscipline et d'insurrection,
et la libre-pensée qui a cette origine,
n'engendre que le désordre, elle égare
la multitude « dont l'âme molle et
» sans résistance, selon l'expression
» de Montaigne, a cette grande sim-
» plesse de croire toutes les appa-
» rences. » Il y a assurément une
étroite affinité entre la révolution religieuse et la révolution politique et
sociale ; le luthéranisme est la souche
à laquelle se rattachent toutes les
branches du *révolutionnarisme* moderne. Le libre examen, né de la révolte du moine allemand, ce libre
examen qui porte le germe de l'incrédulité et de toutes les négations, n'est
point cette liberté philosophique inséparable de la croyance et de la civilisation dont l'alliance prépare et
réalise le progrès véritable. La liberté
sans frein et sans loi du radicalisme à
outrance, promet l'Eldorado et mène
au néant.

En tenant ce langage, on apprendra
au peuple à se défier des libres-penseurs qui l'obsèdent de leurs rapsodies
magistrales et malsaines, on lui mon-
trera que, sans recourir aux révolutions, la seule force d'expansion de

la justice et de la vérité, suffit au légitime déploiement de la pensée et à l'exercice de la vraie liberté.

Ces enseignements réchaufferont le cœur appauvri des jeunes générations et, par une éducation religieuse, leur inculqueront les notions fortes qui dissipent les préjugés.

L'histoire ne sera plus alors au service de la haine, de l'erreur et de l'intérêt des partis, et ne s'inspirant plus de l'esprit révolutionnaire, fera comprendre à la jeunesse que l'Europe, avant Luther et les héritiers de ses doutes, n'était pas plongée dans des ténèbres épaisses, et que le pontife de l'Allemagne n'a pas apporté aux peuples modernes les premiers bienfaits de la liberté.

La foi et la raison dialectique ont été unies pendant des siècles pour les progrès de l'esprit humain. Cet accord de la réflexion et de la foi qui facilite les progrès réguliers, ayant été rompu par la Réforme, la civilisation, qui ne sépare pas les besoins du cœur des besoins de l'intelligence, a été arrêtée dans sa marche, depuis que la liberté philosophique, que le libéralisme étroit des temps modernes refuse aux croyances religieuses, est, pour les libres-penseurs, l'arme qui sert à détruire la société. Le libre examen est privé de son guide et de son soutien, s'il est indépendant de toute tradition et de la certitude qui est enracinée dans la conscience de l'humanité, et, si l'intolérance d'une opinion ou d'un parti, n'admet ni le contrôle, ni l'autorité, le libre examen est exposé à tous les écarts.

Le rationalisme moderne ne sortira jamais de l'alternative d'une profession de déisme inclinant tôt ou tard à l'athéisme pour s'y fixer, ou du retour au catholicisme.

De la défiance des décrets de l'Eglise, la raison dialectique descend rapidement la pente où le libre examen l'entraîne, et avec les perplexités qui la tourmentent et l'incertitude des articles de sa foi déjà ébranlée, la raison tombe, pour ne plus se relever dans ces apostasies scandaleuses dont nous sommes les témoins. La fragile créance, « contournable comme une » girouette, » dit Montaigne, se heurte aux mystères, et l'orgueil qui ne convient jamais de son impuissance, pour ne pas se désavouer, refuse de revenir à la vérité qu'il a abandonnée.

C'est ainsi que Luther persiste dans son hérésie, c'est ainsi que les égarés de la libre-pensée s'engouent de leurs théories et que les malheureuses victimes du divorce de la raison individuelle avec le sens commun, s'obstinent à caresser leur marotte politique ou sociale.

Les passions déchaînées franchissent toutes les digues dans ces temps troublés, et Luther a vu, sans pouvoir les conjurer, les conséquences extrêmes de sa *liberté évangélique*. L'esprit de révolte se tourne contre les hommes qui en sont les instigateurs, et l'autorité que ceux-ci s'arrogent, après l'avoir attaquée dans son principe, a perdu dans leurs mains sa force coactive lorsqu'ils s'élèvent contre le désordre.

Cette leçon qui ressort de l'histoire des révolutions, ne profite pas aux générations qui ne reconnaissent à la *loi* qu'une autorité transitoire et subordonnée aux caprices des systèmes et de l'individualisme souverain. Les idées puisées dans l'éducation et les efforts d'une civilisation qui sait s'orienter, doivent tendre à fortifier le respect de la loi et des principes posés et généralement reconnus qui sont comme la raison des prescriptions de la loi politique qui n'est ou ne doit être que la loi morale dans sa plus haute application. Dans une philosophie religieuse qui répond aux besoins de la vie civile, les principes qui y sont décrétés, étant la base du droit, la *loi*, qui est la conséquence de la vérité, s'impose à tous avec une autorité légitime. On peut dire alors du pouvoir qui est chargé de la faire exécuter, que sa légitimité est en lui, c'est à dire dans sa moralité et sa raison. La liberté philosophique et politique ne se développe avec sûreté, qu'en restant soumise au pouvoir qui est l'applicateur de la *loi*. Lorsque ces principes, sous l'empire de la loi, ne régularisent pas le mouvement social en vue des améliorations réalisables, sous la surveillance d'un pouvoir lui-même gouverné par la loi de justice et de vérité, lorsque ces principes ont cessé de dominer, la licence a pris la place de la liberté.

Ici se présente la question de la certitude de la vérité et la question, non moins grave, de savoir si, pour toute certitude de la vérité, il est nécessaire de se référer au rationalisme.

Dans les travaux spéculatifs, faire dépendre l'exercice de la liberté philosophique, de la méthode qui consiste à ramener la certitude de tous les principes fondamentaux au raisonnement, à ramener cette certitude à la confirmation de la raison, chercher dans le rationalisme le criterium de toute certitude, c'est extravaguer dans la discussion des points essentiels d'une doctrine religieuse ou philosophique, c'est nier la certitude des vérités qui ne dérivent pas toutes du consentement de la raison dialectique, comme la certitude des premiers principes des sciences, comme la certitude des dogmes fondamentaux du Christianisme. Une vérité révélée et que défend, d'ailleurs, une tradition irréfragable, porte en elle autant de certitude qu'elle en peut avoir et porte sa démonstration.

Ce principe est développé par Locke dans sa troisième réplique à Stillingfleet : « La *fidélité* de Dieu est une » démonstration à tout ce qu'il ré-

» vèle, et l'absence d'une autre dé-
» monstration (celle de la raison), ne
» rend pas douteuse une proposition
» démontrée. »

Luther et ses disciples ont cessé de croire à la *fidélité* de Dieu, et les libres-penseurs de notre temps, pour attester les progrès de leur intelligence, ne croient même plus à la Révélation, et le déisme dans lequel ils se rejettent, sera bientôt encore une entrave à leur liberté philosophique. Le pontife de la Réforme a beau fulminer contre les révoltes du libre examen dans son église naissante ; Zwingle, Carolstad, Œcolompade, Capito, ses disciples, se séparent du maître, et se prévalent, contre Luther, comme le chef de la Réforme l'a fait contre le catholicisme, *de la liberté du chrétien contre la tyrannie des hommes*. L'autorité que le docteur de Wittemberg refuse au Pape, Munzer, le prédicateur du Communisme, qui menace l'ordre social au XVIe siècle, la décline au moment où Luther ordonne à ses partisans de courir sus aux dissidents. Vainement Erasme a jeté le cri d'alarme : « ...Quo me vacil-
» lantem ae perplexum vocares ? Ad

» vestram istam disgregatam congre-
» gationem et undique dissectam
» sectam ! » Les luthériens et les sectaires s'acharnent à la ruine de toute
croyance.

Révolution vraiment étrange ! Toujours en lutte avec elle-même et con-
tradictoire dans ses résultats ! Nous
la voyons, au XVI siècle comme au
XIX, s'écarter continuellement du
principe qui a été son point de départ.
Au XVI siècle, la révolution religieuse déprime les facultés morales
de l'homme, leur ôte toute activité,
dans les doctrines luthérienne et cal-
viniste de la grâce et du libre arbitre,
et conteste à ses premiers nés *la liberté évangélique*, sans laquelle la révolution religieuse n'a plus de raison
d'être.

Depuis bientôt un siècle, l'esprit
révolutionnaire en France n'a produit
que des conflits et la tyrannie des
partis, bien loin d'assurer la liberté
politique et de garantir l'exercice des
droits et de pratiquer, en prétendant
l'affirmer, l'amour des devoirs que
comprennent ces mots, dont on a tant
abusé, *liberté, égalité* et *fraternité*,
qui sont écrits au frontispice de nos
constitutions républicaines.

Voilà, dans le protestantisme, les commencements de l'esprit révolutionnaire, reconnaissable aux divisions et aux haines qu'il engendre, incarné d'abord dans la scission religieuse du XVIᵉ siècle, il continue son œuvre pendant les sanglantes proscriptions de la fin du XVIIIᵉ siècle, et signale aujourd'hui son réveil par la menace de la domination de l'incrédulité associée à la corruption et à l'ignorance.

N'est-ce pas le moment pour tous les gens éclairés et honnêtes, effrayés par les égarements de la Révolution athée, de demander à la foi et au patriotisme, les résolutions vigoureuses qui, selon le langage de l'*Imitation de J.-C.*, feront succéder « la sérénité à la tempête. » En s'élevant à la hauteur des devoirs de chrétien et de Français, le courage surmontera la fatigue que l'on supporte pour lutter contre soi-même et contre les erreurs accréditées, et ne fléchira pas dans l'effort qu'il faut faire pour marcher en sens inverse du mouvement que l'esprit de désordre cherche à imprimer aux peuples.

Le jour où la raison individuelle

s'est proclamée souveraine, l'homme, sans point d'appui et perdant de vue son but, en s'éloignant du catholicisme « de l'espérance et du refuge » que Dieu lui offre, » dit l'Imitation, le livre de la sagesse, ce jour-là, la société moderne a renoncé aux principes qui l'avaient améliorée, « la » raison sophistiquée, » pour parler comme Montaigne, « la raison sophis- » tiquée de tant d'argumentations et » ayant perdu son visage constant et » universel, » a détaché l'homme du respect des lois morales, et l'a entraîné sur la pente où les sophistes et les prophètes du mal se succèdent et se renversent.

L'antagonisme de la raison et de la foi, au temps de Luther, comme de nos jours, ne donne satisfaction ni à la raison ni à l'autorité. Le réformateur qui a méconnu le principe d'autorité est bientôt dépassé par un novateur plus hardi qui s'attaque à la Révélation, et l'intelligence, troublée par le conflit de doctrines décevantes, finit par ne pouvoir se fixer à aucune croyance, ou, en faisant l'aveu de son impuissance, retourne à sa première croyance.

Dans cette confusion où l'on ne sait plus, dit le philosophe de Rotterdam, « comment parler du Christ, » les sectes, suscitées au XVIe siècle, par le libre examen, érigent presque l'ignorance en système, et protestent contre le principe au nom duquel elles existent, elles déclarent que la science profane est dangereuse et n'est d'aucun secours dans l'œuvre du salut. Erasme raille ces nouveaux barbares issus de la Réforme : « Hic
» tui discipuli, palam docebant dis-
» ciplinas humanas, esse venenum
» pietatis. Non esse discendas lin-
» guas, nisi hebraicam et græcam ex
» aliquantula parte, latinam prorsus
» esse negligendam. »

Ainsi pour les mystiques du protestantisme, la science n'est plus l'auxiliaire de la foi qui a été affaiblie par la nouvelle doctrine. Telle devait être la conséquence de l'esprit de contention de la Réforme qui a fait dégénérer la science en une vaine ostentation, au lieu d'éclairer la véritable piété par le libre examen. Le rationalisme, naguère renfermé dans les écoles, puis fourvoyé dans les tavernes, est, jusqu'à un certain point, venu à récipiscence ; il cède au besoin de foi inséparable de la nature de l'homme, et les plus ardents parmi les disciples de la Réforme, partis de la raison individuelle pour arriver à la foi, maîtrisés par ce premier besoin que leur raison n'a pas satisfait, réagissent contre l'orgueil impuissant du libre examen, et, non par un effort de la raison dialectique, mais en se dépouillant de la forme scolastique, rejettent le principe qui a été le prétexte de leur révolte.

Les libres-penseurs (par antiphrase) du Luthérianisme en Angleterre, enchérissent sur les sectaires allemands et vont jusqu'aux dernières conséquences de la négation que contient la doctrine protestante. Les *queues* des révolutions religieuses, selon l'expression de Will. Cobbett, ne se contentent pas de proscrire la science; les sectaires exaltés de la Révolution de 1648 suppriment la Bible. Partout où le *Révolutionnarisme* (passez-moi le mot barbare comme le fait) fait irruption, il ne laisse que des ruines. Une nouvelle preuve vient de nous être donnée de l'esprit de subversion dont sont animés les *Rufians* qui en

sont les apôtres ; la *queue* de l'insurrection du 4 septembre 1870, la Commune de Paris enveloppe dans sa
proscription la science, les arts et la
vertu et profane les saintes hosties.
Laissez faire cette clique de *out law*,
et vous la verrez renverser toutes les
institutions qui protégent la société.

Les hommes qui ont les premiers
bouleversé le monde par ce *Boute-
hors* de doctrines, comme a dit Montaigne, étaient privés de cettesobriété
chrétienne qui, avec la foi, selon
l'observation profonde de saint An-
selme, *cherche l'intelligence* qui nous
guide pour remplir notre destinée.
Les extravagances des fils de la Réforme religieuse, la licence philosophique, les écarts des demi-savantsde
notre temps et les fureurs des instru-
ments de la révolution sociale qui ont
recueilli les idées des docteurs de la
nouvelle science, ne prouvent que
trop, par leurs résultats, la vérité de
cette parole de saint Augustin : « Inu-
» tilis est scientia sine charitate, cum
» charitate utilis. »

Autrefois réglé et contenu dans la
plus forte unité sociale, l'individualisme, aujourd'hui affranchi de tout

frein par l'abus de la liberté religieuse et philosophique, ne tient aucun compte des principes conservateurs, l'individualisme qui ne relève que de lui-même, a suivi ce qu'on appelle les *progrès* de la nouvelle métaphysique qui commence sa marche au XVIe siècle, la précipite au XVIIIe et remet tout en question dans le temps présent, l'autorité et la vérité religieuse qui préservent de toute atteinte les lois à l'ombre desquelles se maintient le prestige des dépositaires du pouvoir. Tous les sophismes ne détruiront pas ce témoignage que les événements nous permettent de porter sur l'influence délétère que, depuis trois siècles et demi, exerce ce radicalisme constituant, d'abord dans l'état religieux, de nos jours dans l'état social, et qui trouble l'Europe par des révolutions stériles.

Ce qui provoque ces commotions, ce qui y domine, ce qui les perpétue, c'est la *convoitise*, convoitise des richesses, convoitise du pouvoir, convoitise des jouissances, le but suprême de l'égoïsme, le seul maître dans ce temps d'égalité. Dévoré par cette convoitise insatiable, assailli par tous les doutes et perverti par le sensualisme, l'homme succombe maintenant à la lassitude morale, et dans l'inanité de ses fausses doctrines, il tombe « dans » l'abîme du désespoir, l'éternelle » soif de la soif, » du Manfred de Byron, sans remords pour le passé ni crainte pour l'avenir, il veut mourir dans l'athéisme endurci du Bohémien de Walter Scott et dans le cynisme criminel de la Commune de lamentable mémoire.

N'est-ce pas la maladie qui nous mine, et comment nous remettre de cet épuisement ? Touchez enfin du doigt la plaie qui vous arrache le cri de la souffrance, sondez-la avec courage, et vous reconnaîtrez que cette plaie sociale, qu'envenimait l'intelligence qui tue la foi, sera cicatrisée par *la foi qui cherche l'intelligence.*

La désorganisation de la société contre laquelle le sens moral du peuple lutte, malgré la corruption qui le gagne, se réfléchit avec des tendances diverses dans les littératures pendant les temps modernes jusqu'à notre époque de relâchement dans les idées, les croyances et dans les mœurs.

La littérature est parfois l'expression de l'état moral de cette portion inquiète et maladive d'une société qui aspire à un idéal souvent inconciliable avec l'esprit, les habitudes et le caractère d'un peuple, elle est parfois aussi le miroir d'un état social et des événements qui, des hommes et des faits, se reproduisent dans les œuvres littéraires. De même que la richesse ou l'appauvrissement d'une littérature participe de l'état moral du pays où elle se développe, de même le caractère général, et l'affaissement ou la grandeur d'un peuple se ressentent de l'esprit que les travaux de la science et de la littérature font prévaloir. Au XVIIIᵉ siècle et au XIXᵉ, les poëtes et les philosophes ont parfois créé certains types moraux qui n'appartiennent pas à la vie réelle, des écrivains dramatiques et des romanciers ont aussi retracé des caractères qu'ils avaient observés dans la société viciée. Eh bien ! nous avons vu les créations des premiers exalter des natures romanesques par une fausse image de la grandeur et de la beauté morale, dans d'autres créations, évoquées de l'idéalité par des génies sombres et solitaires, des figures hideuses qui ne répondaient pas à la réalité au moment où on en donnait le spectacle, ou qui n'étaient que de rares monstruosités, étant présentées à la foule dont elles séduisent les mauvais instincts, deviennent, dans une société corrompue, des réalités communes et effrayantes. Dans le *Manfred* de Byron, les pensées généreuses et les nobles aspirations de notre nature, qui se réveillent un moment dans ce triste héros de l'épuisement moral, restent inactives, la soif des plaisirs des sens n'est jamais satisfaite et les passions déchaînées menacent de tout détruire. L'inspiration chagrine du poëte anglais a tracé le caractère du découragement dans une âme usée et insensible à la possession des vrais biens. C'est cette déchéance irréparable sans la religion, que Byron nous montre comme un « chaos digne d'être admiré. » C'est bien le chaos, digne de compassion, du temps présent, où l'homme sans force et sans dignité a perdu les moyens de se sauver de ses défaillances ! Hélas ! le nombre est grand, parmi nos contemporains, de ces hommes blasés qui, comme l'Hayraddin de Walter Scott, étouffent les protestations de la cons-

cience, et s'écrient sans terreur: « Il
» n'y a point d'âme, il ne peut pas y
» en avoir ! »

Telle est la foi que des bavards au
langage trompeur et des énergumènes
de clubs et de cabarets répandent
dans le peuple, telle est la foi dans
laquelle ils l'engagent à mourir. Certains lettrés, indignes de leur sacer-
doce, au lieu de la flétrir, nourrissent
cette foi négative dans toutes les conditions. Dans l'atmosphère corrompue
dont une petite littérature mercenaire
enveloppe le riche comme le pauvre,
l'homme inculte comme l'homme
bien élevé, les mâles courages s'étei-
gnent, la pudeur est bannie de nos
habitudes, dans le deuil de la Patrie,
des hommes au cœur léger s'étour-
dissent dans les plaisirs, les auda-
cieux régentent une grande nation et
disposent de l'avenir, le génie de la
littérature et de la science se dresse
des autels, le foyer domestique est
ouvert à la trahison et au scandale,
la *femme-homme* et *l'homme-femme*
jettent à peine un voile sur leurs égarements, le feuilleton et le livre à
bon marché distribuent le poison
dans les lieux publics, dans les gares

de nos chemins de fer et dans les familles.

Ce désordre nous berce de son énervante ivresse et détourne nos yeux de la situation qui est déplorable. Nous avons devant nous les brèches que l'esprit démagogique fait chaque jour à notre unité nationale, la révolution qui gronde et se joue de l'autorité dans les banquets, l'émeute cachée dans ses bouges et refoulée dans les prisons qui attend le mot d'ordre, les suppôts de la Commune qui outragent les soutiens de l'ordre et défient la vindicte publique.

Pendant que s'élèvent des clameurs discordantes, quelques voix se font encore entendre pour ranimer le sentiment national bravé par des déclamateurs. Pour que la voix la plus autorisée domine le tumulte des factions, il faut que la Province prouve, par ses organes, que, non moins que Paris, elle s'inspire de l'opinion de la France.

La société ne trouve qu'une protection insuffisante dans la force coactive d'un gouvernement même solidement constitué, si les passions anarchiques, un moment contenues

et domptées, sont incessamment ex-
citées et alimentées par le cynisme
des publications contemporaines et
par le colportage des théories anti-
sociales. La perversion des idées et
des mœurs prépare le désordre des
rues et désarme la vindicte publique.
Tout est lié, tout est combiné dans
l'ordre social. Si les principes fondamentaux n'ont plus assez d'autorité
pour maintenir étroitement associés
le respect de soi-même et le respect
de son semblable, la sainte notion du
devoir et l'exercice du droit, l'ordre
matériel est impuissant contre la licence des idées et des passions politiques. Le monde intellectuel et le
monde politique sont toujours à
l'unisson. Les mœurs déréglées font
les mauvaises littératures, les livres
corrupteurs énervent et abaissent les
caractères, et des idées, le désordre
se communique aux faits. La raison
publique agitée par des sophismes,
et n'étant plus guidée par les principes qui maintiennent l'équilibre du
pouvoir et de la liberté, se réfugie
dans le despotisme pour sortir de la
confusion, et retombe dans l'anarchie
pour échapper au despotisme qui se
relève sous le nom de Dictature, la

pire des tyrannies qui s'impose dans une confusion permanente.

Ces remarques qui s'appliquent à l'état moral et intellectuel de la France égarée par la philosophie politique de notre temps, sont confirmées par les péripéties du mouvement social et littéraire en Angleterre pendant la crise révolutionnaire de 1648.

A cette époque, le despotisme le plus dégradant et le pouvoir placé au-dessus de la morale, la liberté et la licence sous toutes les formes, ont trouvé des apologistes parmi les penseurs du XVIIe siècle, qui représentent en Angleterre les tendances des esprits dans des directions contraires.

Cet antagonisme doctrinal des partis en Angleterre, que nous pouvons confronter avec la divergence des systèmes qui ont eu tant d'influence sur la société en France, est fécond en enseignements, dans les écrits polémiques de Milton, dans les travaux d'Algernon Sidney, de Hobbes, de James Harrington, de Robert Filmer, etc. ; cet antagonisme n'est pas moins remarquable dans les songes-creux des *adversaires de la vieille prostituée de Babylone*, des *saints*, des *commu-*

nistes de Payne et des zélateurs de la *cinquième monarchie.*

Dans le pays de la reine Elizabeth, agité par des idées de liberté, et où la royauté menaçait la liberté depuis l'intronisation du Protestantisme, des théoristes , éloignés de la liberté par la licence, ont préconisé un régime que l'Espagne de Philippe II n'eût pas supporté.

Même incohérence , en France , dans les doctrines morales et politiques , même impuissance dans la recherche d'un nouveau système social chez tous les écrivains du XVIIIe siècle, Diderot, Mably, J.-J. Rousseau et Raynal, et nous ne parlons pas des conceptions absurdes des derniers héritiers de l'idée révolutionnaire . Vivant dans une société livrée aux abus, et confondant le despotisme avec la monarchie, ces écrivains cherchèrent dans les institutions de l'antiquité ou dans les constitutions de l'Angleterre et de l'Amérique, l'idéal de la perfection sociale.

Les dix constitutions expérimentées en France depuis 1791 jusqu'à la constitution du second Empire, témoignent de l'impuissance de ces essais de rénovation. Ces expériences, qui ruinent le tempérament de la France, n'ont pas garanti la liberté, elles n'ont pas affermi le pouvoir, parce qu'elles ont été faites en dehors des conditions naturelles du progrès des institutions de notre pays.

En Angleterre, comme en France, les écrivains politiques s'inspiraient de l'esprit intolérant du Protestantisme et de la nouvelle philosophie, et les pouvoirs qu'ils défendaient et les formes politiques qu'ils voulaient établir, tenaient un médiocre compte des vœux et des intérêts des deux pays qu'ils invoquaient sans cesse.

Un préjugé, accrédité par des écrivains protestants, a, de nos jours, égaré la raison publique en France; à les entendre, le Catholicisme ne se prête pas au mouvement progressif de la civilisation, et il n'est pas plus favorable au développement du talent et du génie qu'aux progrès de la liberté politique.

A cette allégation, opposons les faits. Depuis la réforme religieuse, les républiques sont devenues plus aristocratiques, et les monarchies plus absolues, et la révolte du moine alle-

mand a plus profité aux gouverne-
ments qu'à la liberté civile et politique.
Le Protestantisme nous a, dit-on,
donné la liberté religieuse et philosophique; mais ne l'a-t-il pas souvent
opprimée? Le Catholicisme qu'on re-
présente comme l'ennemi de toutes
les libertés dont il est le principe,
n'a-t-il pas sanctifié et encouragé
toutes les améliorations sociates ré-
gulièrement accomplies? Les progrès
remarquables des intelligences de
1550 à 1715, chez les nations catho-
liques, ont laissé la trace éclatante de
la haute culture scientifique, littéraire et artistique de ces nations. Le
génie des sciences et des arts s'est
retiré devant le vandalisme des réformateurs religieux et des révolutionnaires du dernier siècle et de nos
jours.

Après avoir voulu rompre avec le
passé, les révolutions en ont repris
les errements pour ne pas finir par
une subversion totale, et la tradition
a triomphé de l'esprit de destruction.
Celui qui était l'inspirateur et le chef
de la démagogie, la domptera, pour
ne pas être dévoré par elle. L'Angleterre a vu Cromwell balayer sa se-

quelle des *indépendants*, des *saints* et des *niveleurs* et restaurer les institutions monarchiques sous le Protectorat. Elevés tout à coup par les révolutions, les agitateurs que la haine, les passions ou l'intérêt de leur fortune pousssnt à tout détruire, et incapables d'exercer le pouvoir pour réparer le mal qu'ils ont fait, disparaissent, ne laissant que la confusion après leur chute. Les hommes supérieurs ne tardent pas à dominer les révolutions qui les ont portés au pouvoir, et ils empruntent aux institutions qu'ils ont attaquées, le prestige et la force qui leur sont nécessaires pour maîtriser le désordre. Le protectorat de Cromwell continue la royauté, et l'opinion, qui se laisse conduire par des mots, croit jouir des bienfaits que la république lui promettait.

Cet homme extraordinaire s'était bien vite débarrassé de la république que ses anciens amis rêvaient; il avait paru un moment adopter la forme de république que Milton préférait; « non pas une république d'égalité, » une *république plébéienne,* mais une » république aristocratique , dans » laquelle il y a des rangs, car les

» rangs et les degrés, loin d'exclure
» la liberté, s'associent avec elle. »
Mais cette république amendée ne
convenait pas à la situation, et Cromwell, qui caressait la chimère des
républicains sincères, sentait qu'il
avait besoin de la plus forte concen-
tration du pouvoir pour contenir la
Révolution.

Les farouches sectaires de 1648 se
révoltaient à l'idée d'une république
aristocratique, et bientôt s'apprivoi-
saient peu à peu, n'attendant que
l'occasion de servir le Protecteur-roi.
De toutes les constitutions républicaines qui sont sur le métier, la seule
possible est celle qui « admet des
degrés. » Si cette constitution aristocratique est donnée à la France, qui
ne s'en soucie guère, les incapables
qui s'agitent pour bénéficier de l'insurrection de septembre 1870, s'ac-
commoderont aisément d'un régime
qui leur ménagerait des rangs, des
honneurs et de grandes existences.
Ces raffinés du libéralisme moderne
s'arrangeraient même de la royauté
qui consentirait à leur donner les
hautes positions sociales cherchées
par ces spéculateurs en révolution

qui crient maintenant par dessus les toits, comme les Frondeurs du XVII° siècle , « que la royauté est trop » vieille et qu'il faut définitivement » établir la république. » La France a vieilli sous la monarchie, et elle ne s'habitue pas à un autre régime. Les Frondeurs n'ont-ils pas été les courtisans de Louis XIV? Les agitateurs du temps présent, feront comme les acteurs de la tragi-comédie de la minorité de Louis XIV, et qu'ils ne crient pas à la calomnie; les passions et les petits intérêts des hommes sont plus vivaces que l'esprit révolutionnaire. L'histoire dit assez que les austères troquent volontiers le manteau troué du philosophe contre des habits chamarrés et le tréteau contre le fauteuil doré. La foule, indifférente au fond à toutes les formes politiques lorsque les brouillons ne l'enivrent pas de leurs redondantes banalités, suivra , au cri de Vive le roi ! ces convertis à la monarchie, elle les suivra, non moins convaincue que dans les temps troublés où elle les acclamait en les accompagnant des chants de la démagogie.

Détrompé par ces palinodies et par

les déceptions dont il souffre , le peuple comprendra mieux l'autorité des notions véritables de fraternité, de discipline et de devoir, à mesure que le vide des théories qui le séduisent et à mesure que l'hypocrisie de ses meneurs, ressortiront de l'opposition qu'il y a entre les doctrines et les actes, les maximes et la conduite des révolutionnaires. Que tous nos efforts tendent à éclairer les naïfs dont les empiriques du radicalisme exploitent les souffrances, et le peuple, cherchant où elles sont réellement les conditions de la sécurité et du bien-être des travailleurs, se tournera contre les sophistes qui attaquent les principes qui font vivre et prospérer les sociétés. Les idées, les faits et les interêts mêmes créés par la révolution de 1789 , repoussent les utopies de ces *docteurs en rien,* comme Érasme les eût appelés, qui veulent nous imposer leur radicalisme tyrannique. Les songes-creux des faiseurs de systèmes échaufferont peut-être l'imagination de quelques fanatiques et exciteront les instincts féroces et cupides des *couches nouvelles* , de la tourbe qu'on soulève, mais les rêveries de la corruption impatienté de jouir, n'empêcheront pas le triomphe des principes constitutifs des sociétés, virtuellement supérieurs à ces essais d'organisation qui ne profitent qu'à l'égoïsme de quelques hommes.

La saine majorité du pays se rattachera plus étroitement à ces principes et ne laissera pas aux propagateurs du désordre le temps d'achever leur œuvre. La France n'a pas oublié qu'au milieu de ses malheurs, le pouvoir, qu'un coup d'audace a fait tomber dans les mains des hommes qui ont violé la souveraineté nationale, il y a deux ans, a paralysé nos forces et gaspillé nos trésors en présence de l'ennemi, et qu'il a foulé aux pieds toutes nos institutions et nos libertés. Ce n'est que le prélude des violences auxquelles seraient entraînés ces artisans de troubles qui vont de ville en ville étaler leur nullité ambitieuse. Le devoir des conservateurs est de se grouper, de se concerter pour ne pas être de nouveau surpris par l'émeute des bas fonds de la société, grossie par cette partie déclassée de la bourgeoisie sans croyance et sans respect, que le désordre de ses mœurs ou de ses affaires jette dans la Révolution ;

la Chambre doit se préparer à répondre aux provocations du radicalisme, en se prévalant énergiquement de son droit vainement contesté, si elle ne veut pas avoir prochainement à réfréner les misérables et les imbéciles qui sont arrachés au travail et poussés à la guerre sociale par les excitations de la démagogie.

Les hommes de cœur concourront à la mission constituante de notre Assemblée législative, et ils auront avec eux le vrai peuple, s'ils savent le ramener au respect de ces grandes vérités que Dieu maintiendra pendant la crise que nous subissons; ils travailleront à rétablir le culte de ces vérités, en opposant avec courage à l'esprit révolutionnaire nos glorieuses traditions qui nous protégent contre les déportements de la démagogie et contre les abus du pouvoir.

Au cri de révolte des sectaires du XVIe siècle, Erasme répondait par la protestation de la foi — *Christus manet in æternum;* — nous, qui n'avons pas sacrifié notre catéchisme à la science des matérialises et des athées, répétons cette profession qui ralliera tous les hommes qui ne se jettent pas dans les bras du néant à la suite de

« Tous ces savants qui sur son vaste empire
» Ont publié tant d'énormes fatras... (Voltaire.) »

Avec l'appui des observateurs attristés par les doctrines extravagantes de notre siècle, nous ferons effort pour renouer l'alliance de la foi et de la liberté, de la science et de la religion qui ne sont pas faites pour se nier l'une l'autre. Stimulés par le patriotisme, dans tous les temps uni à la foi dans notre pays, nous nous dévouerons à la conciliation du progrès réel avec la loi de conservation, pour atteindre au but de l'activité réglée des sociétés, la liberté dans l'ordre.

Ainsi s'accomplira la rénovation sociale que les chrétiens espèrent en fraternisant au pied de la Croix qui, selon l'expression de don Pedro Calderón de la Barca, « est un arc-en-ciel placé » entre la colère de Dieu et les fautes » des hommes. »

Ce langage fera sourire certaines gens, mais l'homme ferme dans sa croyance n'a pas à se préoccuper des railleries usées du libre-penseur infatué de sa vaine science ou de son ignorance, et en méditant la pensée du grand poëte espagnol, qui nous convie à la paix au nom du Christ, la raison publique se recueillera, et ne tardera pas à voir que le retour au catholicisme est la condition de la restauration morale et politique de la France, que le catholicisme rétablira, à l'extérieur, la puissance politique de notre pays, et lui fera retrouver, à l'intérieur, les éléments de vitalité, de force et de perfectionnement.

Pour arriver à ce résultat, nous délibérons trop et nous n'agissons pas assez; nous nous divisons au lieu de nous réunir dans un intérêt de conservation qui doit rapprocher les partis monarchistes; par de petits ménagements, nous exposons la société à tous les hasards, et quand il s'agit du renversement de la société, au lieu de courir tous comme au feu, spectateurs effarés et inertes, nous n'arrêtons pas les progrès de l'incendie. Notre inaction enhardit nos adversaires qui préparent sans relâche à notre malheureux pays le sort de la Pologne déchirée par les factions et démembrée. Pour les démolisseurs qui aspirent à la république universelle, il n'y a plus de Patrie, et

conscients ou inconscients, ces enne-
mis de la nationalité française, au dehors et au dedans, disent peut-être
que « la France a fait son temps !... »
Que les conservateurs, jaloux de l'hon-
neur et de l'intégrité de leur pays, se
comptent et s'encouragent, et ils arrê-
teront la démagogie communarde, so-
cialiste et universelle qui est en train de
consommer la désagrégation des éléments de l'unité française et le dé-
membrement de la puissance la plus
compacte, aujourd'hui exclue des con-
seils de l'Europe par l'esprit révolutionnaire. Pour tous les Français qui
n'ont pas renié leur Dieu et leur Patrie, le besoin impérieux de la situation qui nous est faite depuis deux
ans, est de combattre les menées qui
nous annoncent l'éruption de *nouvelles couches sociales*, et, par elles,
le second avénement de la dictature
de la folie et de l'incapacité.

J'ai essayé de déterminer, non
d'après des abstractions, mais d'après
des faits positifs et historiques, le caractère du mouvement qui s'est opéré
depuis le commencement du XVIe
siècle jusqu'à notre temps ; j'ai ob-

servé, dans ses causes et ses effets, ce mouvement préparé par les idées élaborées au XVIe siècle et développées au XVIIIe et au XIXe; j'ai essayé d'en mesurer la portée et d'en faire connaître les résultats.

En finissant, je résume dans les points suivants la marche et les conséquences de ce mouvement. Les aberrations de la raison individuelle ont passé des esprits dans les volontés et des volontés dans les faits. Partout où l'individualisme a voulu dominer, l'anarchie a passé des idées dans les événements; partout où la raison individuelle, méconnaissant la tradition et la raison universelle, a fait prévaloir ses erreurs, il y a place pour la révolte; partout où le philosophisme a érigé la révolte en droit, il y a place pour toutes les négations. De là, dans l'irrésolution, l'indifférence, les doutes et le trouble des esprits, l'impossibilité de satisfaire les besoins de la civilisation et les intérêts moraux et matériels des populations détournées de leurs habitudes et de leurs devoirs. De là, cette fermentation qui conduit à l'anarchie sous le despotisme, et qui ramène le despousme par les excès de l'anarchie. De là, un régime qui, privé de l'autorité de l'opinion perplexe et découragée, et impuissant avec la seule force de la loi, ne peut s'appuyer que sur la force physique pour résister au génie du mal. Cette situation, sans cesse menacée par la violence des partis et inconciliable avec le règne des lois et de la liberté publique, vient de l'oubli des principes sociaux qui donnent pour fondements à la liberté et à l'ordre l'inviolabilité et la stabilité du pouvoir enfermé dans les limites de la monarchie représentative. C'est cet oubli des principes qui, dans notre pays dont les factions ne parviendront pas à changer l'esprit, dans la France, monarchique par son caractère et par ses mœurs, perpétue, avec la République centralisée, la Révolution et sa tyrannie ou son arbitraire.

(La réimpression est interdite, sans le consentement de l'auteur).

Dunkerque. — Typ. V. B. KIEN.

www.ingramcontent.com/pod-product-compliance
Lightning Source LLC
Chambersburg PA
CBHW061330060726
47596CB00003B/1170